EL SUFRAGIO FEMENINO

SETH LYNCH
TRADUCIDO POR ESTHER SARFATTI

Gareth Stevens
PUBLISHING

ENCONTEXTO

Please visit our website, www.garethstevens.com. For a free color catalog of all our high-quality books, call toll free 1-800-542-2595 or fax 1-877-542-2596.

Library of Congress Cataloging-in-Publication Data

Names: Lynch, Seth, author.
Title: El sufragio femenino / Seth Lynch.
Description: New York : Gareth Stevens Publishing, 2019. | Series: Conoce la historia de Estados Unidos | Includes index.
Identifiers: LCCN 2017054293| ISBN 9781538249451 (library bound) |
ISBN 9781538249444 (pbk.)
Subjects: LCSH: Women--Suffrage--United States--History--Juvenile literature.
| Suffragists--United States--History--Juvenile literature. | United
States. Constitution. 19th Amendment--History--Juvenile literature.
Classification: LCC JK1898 .L96 2019 | DDC 324.6/230973--dc23 LC record available at
https://lccn.loc.gov/2017054293

First Edition

Published in 2020 by
Gareth Stevens Publishing
111 East 14th Street, Suite 349
New York, NY 10003

Copyright © 2020 Gareth Stevens Publishing

Translator: Esther Sarfatti
Designer: Samantha DeMartin
Editor: Kristen Nelson

Photo credits: Series art Christophe BOISSON/Shutterstock.com; (feather quill)
Galushko Sergey/Shutterstock.com; (parchment) mollicart-design/Shutterstock.com;
cover, p. 1 F. J. Mortimer/Hulton Archive/Getty Images; p. 5 Topical Press Agency/Hulton
Archive/Getty Images; pp. 7, 13 Everett Historical/Shutterstock.com; pp. 9, 15 Bettmann/
Bettmann/Getty Images; pp. 11, 27 Universal History Archive/Universal Images Group/
Getty Images; pp. 17, 21, 23, 25 courtesy of the Library of Congress; p. 19 Library of Congress/
Corbis Historical/Getty Images; p. 29 Joe Raedle/Getty Images News/Getty Images.

Printed in the United States of America

CPSIA compliance information: Batch #CS18GS: For further information contact Gareth Stevens, New York, New York at 1-800-542-2595.

CONTENIDO

Las palabras del glosario se muestran en **negrita** la primera vez que aparecen en el texto.

COMIENZA LA LUCHA

A principios del siglo XIX, las mujeres en Estados Unidos querían hacer cambios. Sin embargo, el Gobierno no las escuchaba porque no tenían derecho al voto; no existía el sufragio femenino. Esto motivó a que muchas mujeres de todo el país se unieran para **exigir** este derecho para ellas.

SI QUIERES SABER MÁS

Las primeras líderes del movimiento por el sufragio femenino, Elizabeth Cady Stanton y Lucretia Mott, se conocieron cuando las dos trabajaban en el movimiento **abolicionista**.

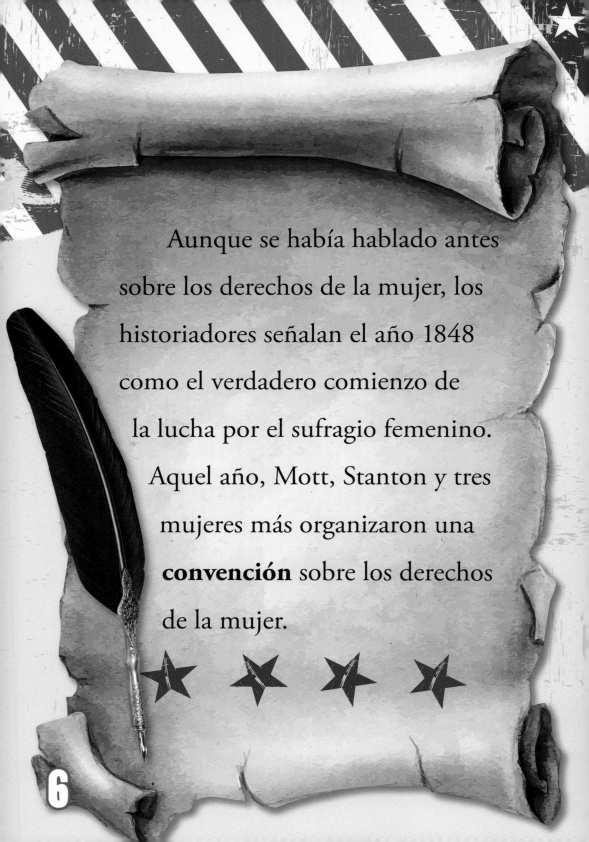

Aunque se había hablado antes sobre los derechos de la mujer, los historiadores señalan el año 1848 como el verdadero comienzo de la lucha por el sufragio femenino. Aquel año, Mott, Stanton y tres mujeres más organizaron una **convención** sobre los derechos de la mujer.

Elizabeth Cady Stanton

SI QUIERES SABER MÁS

Elizabeth Cady Stanton nació en 1815. Recibió una mejor educación que la mayoría de las jóvenes de su época. También aprendió algo de derecho de su padre.

7

LA CONVENCIÓN DE SENECA FALLS

Las mujeres pusieron anuncios en el periódico para informar a más gente sobre la reunión. También difundieron la noticia verbalmente, de boca en boca. ¡Asistieron más de 300 personas! La convención tuvo lugar el 19 y 20 de julio de 1848, en Seneca Falls, Nueva York.

Elizabeth Cady Stanton and Women's Rights

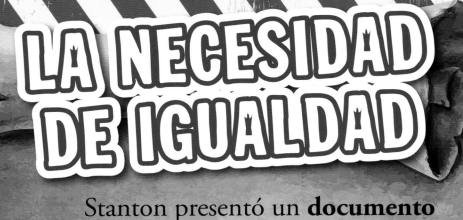

LA NECESIDAD DE IGUALDAD

Stanton presentó un **documento** llamado la Declaración de Sentimientos. En él se reclamaban los derechos que debían tener las mujeres; se pedía el derecho a la educación y a un trato igual al de los hombres bajo la ley. También exigía el derecho a votar y a participar en el Gobierno.

THE FIRST CONVENTION

Civil and Political Rights of Women,

Seneca Falls, N. Y., July 19, 20, 1848.

WOMAN'S RIGHTS CONVENTION.

A Convention to discuss the social, civil, and religious condition and rights of woman will be held in the Wesleyan Chapel, at Seneca Falls, N. Y., on Wednesday and Thursday, the 19th and 20th of July current; commencing at 10 o'clock A. M. During the first day the meeting will be exclusively for women, who are earnestly invited to attend. The public generally are invited to be present on the second day, when Lucretia Mott, of Philadelphia, and other ladies and gentlemen, will address the Convention.*

SI QUIERES SABER MÁS

100 personas, de las cuales 68 eran mujeres y 32 hombres, firmaron la Declaración de Sentimientos, entre ellas ¡el famoso abolicionista Frederick Douglass!

EL MOVIMIENTO CRECE

Hubo más convenciones después de la de Seneca Falls. La primera convención nacional de los derechos de la mujer tuvo lugar en Massachusetts en 1850. En 1852, Stanton organizó otra convención con Susan B. Anthony. Estas reuniones dejaron claro que el movimiento por el sufragio femenino estaba ganando fuerza.

Susan B. Anthony

SI QUIERES SABER MÁS

Anthony nació en 1820. También había participado
en el movimiento abolicionista antes de conocer a Stanton
y unirse a la lucha por el derecho al voto de la mujer.

LLEGA LA GUERRA

Cuando comenzó la **guerra de Secesión** en 1861, la lucha por el sufragio femenino se interrumpió por un tiempo. Muchas mujeres, como Stanton y Anthony, trabajaron a favor de la Decimotercera **Enmienda**, la cual acabaría con la esclavitud. La enmienda se aprobó y la guerra terminó en 1865.

SI QUIERES SABER MÁS

¡Stanton y Anthony consiguieron que 400 personas firmaran un documento a favor de la aprobación de la Decimotercera Enmienda!

PROBLEMAS CON LAS ENMIENDAS

Después de la guerra, dos enmiendas **ampliaron** el derecho al voto. La Decimocuarta Enmienda otorgó el derecho al voto a todos los hombres adultos. La Decimoquinta Enmienda declaró ilegal impedir a un hombre votar por causa de su raza. Pero ambas **excluían** a las mujeres del derecho al voto.

SI QUIERES SABER MÁS

En la Decimocuarta Enmienda se usa la palabra "varones" por primera vez en la **Constitución** de Estados Unidos.

Help us to win the vote

Después de estas enmiendas, Stanton y Anthony formaron la Asociación Nacional pro Sufragio de la Mujer. Lucharon por una ley nacional de sufragio femenino. La Asociación Americana para el Sufragio de las Mujeres, creada por Lucy Stone y Julia Ward Howe, trabajó para conseguir el derecho de las mujeres al voto, a nivel estatal.

SI QUIERES SABER MÁS

En 1890, los dos grupos se unieron para convertirse en la Asociación Nacional Americana por el Sufragio de la Mujer (NAWSA, por sus siglas en inglés).

EL VOTO DE ANTHONY

En noviembre de 1872, Anthony y un grupo de 15 mujeres votaron en el estado de Nueva York. Todas fueron **detenidas**, pero solo Anthony fue llevada a juicio. El juez dijo que el texto de la Decimocuarta Enmienda señalaba como ilegal que las mujeres votaran.

UNA ENMIENDA EN EL CONGRESO

En 1878 se presentó por primera vez al Congreso una enmienda en favor del voto femenino, pero no fue aprobada. La Asociación Nacional pro Sufragio de la Mujer trató de presentarla varias veces más. No fue hasta finales del siglo XIX que empezaría a ganarse el favor del Congreso.

SI QUIERES SABER MÁS

A finales del siglo XIX y principios del XX, muchos estados comenzaron a otorgar a las mujeres el derecho a votar. Los miembros del Congreso empezaron a ser **elegidos** también por las mujeres. Así empezaron a votar a favor del sufragio femenino.

NUEVAS LÍDERES

A comienzos del siglo XX, el movimiento necesitaba líderes más jóvenes. En 1915, Carrie Chapman Catt se convirtió en presidenta de la NAWSA. Alice Paul, otra sufragista, dejó la NAWSA porque quería participar más activamente en la lucha por el derecho al voto de las mujeres.

Alice Paul

SI QUIERES SABER MÁS

Paul formó el Partido Nacional de la Mujer.
El partido organizaba marchas e incluso **huelgas
de hambre** en su lucha por el derecho al voto.

25

EL DERECHO AL VOTO

Finalmente, en enero de 1918, la Cámara de **Representantes** aprobó la Decimonovena Enmienda, la cual otorga el derecho al voto a las mujeres. El Senado la aprobó más tarde, en junio de 1919. La enmienda debía ser **ratificada** por dos terceras partes de los estados.

SI QUIERES SABER MÁS

La Decimonovena Enmienda fue ratificada por
un número suficiente de estados en agosto de 1920.
¡Se convirtió en parte de la Constitución
de Estados Unidos!

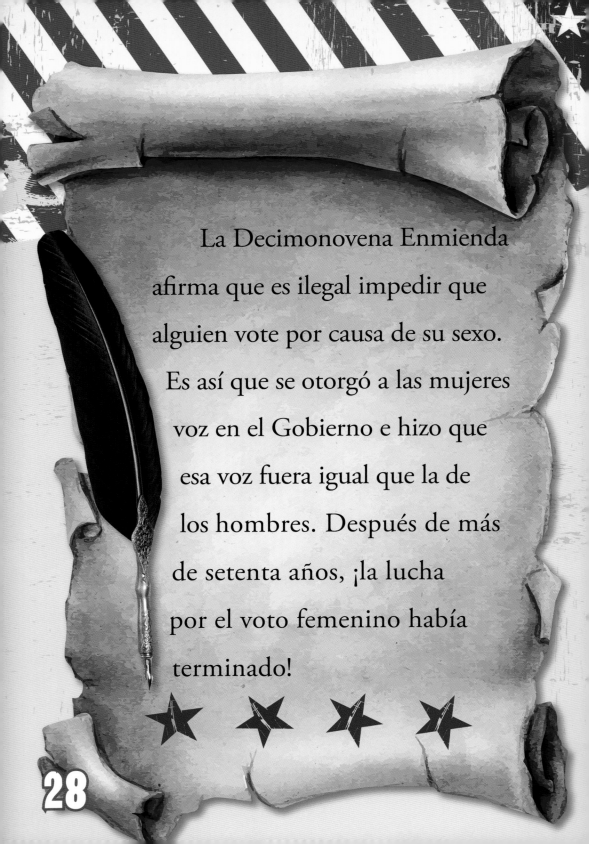

La Decimonovena Enmienda afirma que es ilegal impedir que alguien vote por causa de su sexo. Es así que se otorgó a las mujeres voz en el Gobierno e hizo que esa voz fuera igual que la de los hombres. Después de más de setenta años, ¡la lucha por el voto femenino había terminado!

SI QUIERES SABER MÁS

El movimiento por los derechos de las mujeres continuó
después de la aprobación de la Decimonovena Enmienda.
La igualdad de salarios es uno de los muchos temas pendientes
para las mujeres en Estados Unidos.

29

LÍNEA DEL TIEMPO DEL SUFRAGIO FEMENINO

1848
Tiene lugar la Convención de Seneca Falls.

1850
Se celebra la primera convención nacional sobre los derechos de la mujer.

1861-1865
Tiene lugar la guerra de Secesión.

1868
La Decimocuarta Enmienda otorga el derecho al voto a todos los hombres.

1870
La Decimoquinta Enmienda hace ilegal impedir que alguien vote a causa de su raza.

1872
Susan B. Anthony vota en el estado de Nueva York.

1878
Se presenta una primera enmienda de sufragio femenino en el Congreso.

1918-1919
La Decimonovena Enmienda se aprueba en ambas cámaras del Congreso.

1920
Se ratifica la Decimonovena Enmienda.

GLOSARIO

abolicionista: alguien que lucha para acabar con la esclavitud.

ampliar: extender, hacer algo más grande.

constitución: leyes básicas que gobierna a un país o estado.

convención: reunión de personas que tienen un interés o propósito común

detener: quitar la libertad a alguien, normalmente a manos de la policía.

documento: escrito formal.

elegir: decidir entre varias opciones, por ejemplo, cuando se vota.

enmienda: cambio o añadido a una constitución.

excluir: dejar fuera.

exigir: pedir enérgicamente algo.

guerra de Secesión: guerra que tuvo lugar entre 1861 y 1865 en Estados Unidos entre la Unión (estados norteños) y la Confederación (estados sureños).

huelga de hambre: hecho de negarse a comer como forma de mostrar desacuerdo.

ratificar: confirmar una aprobación formal.

representante: alguien que actúa en nombre de un grupo de personas.

PARA MÁS INFORMACIÓN

Libros

Kent, Deborah. *Elizabeth Cady Stanton: Founder of the Women's Suffrage Movement.* Nueva York, NY: Enslow Publishing, 2017.

Litwin, Laura Baskes. *Susan B. Anthony: Social Reformer and Feminist.* Nueva York, NY: Enslow Publishing, 2017.

Sitios de Internet

Women's Rights National Historical Park: History and Culture

www.nps.gov/wori/learn/historyculture/index.htm
Aprende más acerca de la Convención de Seneca Falls en el sitio de Internet del parque nacional.

Nota del editor para educadores y padres: nuestro personal especializado ha revisado cuidadosamente estos sitios web para asegurarse de que son apropiados para los estudiantes. Muchos sitios web cambian con frecuencia, por lo que no podemos garantizar que posteriores contenidos que se suban a esas páginas cumplan con nuestros estándares de calidad y valor educativo. Tengan presente que se debe supervisar cuidadosamente a los estudiantes siempre que tengan acceso al Internet.

ÍNDICE